Entre linhas

coletânea poética

Organização de
Lura Editorial

Entre linhas

coletânea poética

lura

Copyright © 2022 por Lura Editorial
Todos os direitos reservados.

Gerente Editorial
Roger Conovalov

Preparação
Aline Assone Conovalov

Diagramação
André Barbosa

Capa
Lura Editorial

Revisão
Mayanna Velame
Carla Romanelli

Impressão
PSI7

Dados Internacionais de Catalogação na Publicação (CIP)
(Câmara Brasileira do Livro, SP, Brasil)

Entrelinhas : antologia / organização Lura Editorial. -- 1. ed. -- São Caetano do Sul, SP : Lura Editorial, 2022.
100 p.

Vários autores
ISBN 978-65-80430-95-6

1. Antologia   2. Poesia brasileira   I. Editorial, Lura.

CDD: 869.108

1. Poesia : Antologia : Literatura brasileira
869.108

[2022]
Lura Editorial
Rua Manoel Coelho, 500, sala 710, Centro
09510-111 - São Paulo - SP - Brasil
www.luraeditorial.com.br

"Já que se há de escrever, que pelo menos não se esmaguem com palavras as entrelinhas. O melhor ainda não foi escrito. O melhor está nas entrelinhas."

Clarice Lispector

Sumário

Expande 15
Ágata Cruz

Reféns 16
Alexandre Francisco de Campos Pires de Godoy

Haikais 17
Amauri Munguba

Quando vi 18
Bernardete Lurdes Krindges

O espelho e o outro 19
Betty Veríssimo

Notas de um velho papel 20
Bruna Milagres

Parede 21
Bruno Serra

Ainda 22
Cami Bonfim

Grito de liberdade 23
Cleobery Braga

Itinerantes 24
D'Araújo

Revelação 25
Dalva Paranhos

Entrelinhas — 26
Dirceu Luiz Simon

Transbordando — 27
Eila Andrioli

Entre as l-i-n-h-a-s — 28
Elaine Alves Kunihira

Tulipa Negra — 29
Ellen Gabriela Correia Pires

Bagagens & Viagens — 30
Eneida M. Nogueira

Soneto da supervisão — 31
Fábio Caetano

Entre olhares — 32
Fabrícia Coelho de Freitas

Imagina a ação — 33
Félix Barros

Mensagem do eterno — 34
Fernando José Cantele

Duplo ser — 35
Flávia Alvim

O verso da aquarela — 36
Chico Fonseca

Metapoema — 37
Chico Fonseca

Juventude — 38
Gabriela Guratti

Percursos 39
Gabriela Gouvêa

Encontros e desencontros 40
Giúlia Santos

Sou folha 41
Greici Ferrari

Amadurecer 42
Guiomar Paiva

O sabor do ponto final 43
Helio Valim

Desalma 44
Íria de Fátima Flório

Sarid 45
Israel Pinheiro

Haikai 46
Ivete Cunha Borges

Nas linhas de mim,
Nas entrelinhas a loucura 47
Jefte Perez

As consequências das minhas escolhas 48
Jessana da Silva

Exagero 49
Joana Máximo

Luz súbita 50
João de Deus Souto Filho

Nada a fazer 51
João Júlio da Silva

Nascimento... ----- 52
Joce Costa

Da vida e do sentir o viver ----- 53
J.P. Neu

(Des)Apontamentos ----- 54
Karina Lacerda

Objetificação ----- 55
Keyti Souza

Repita ----- 56
Laura Zúñiga

Nestas entrelinhas ----- 57
Leila Maria da Silva

Além do frio ----- 58
Lidiane Telles

Abismos ----- 59
Liliane Mesquita

Ressignificar ----- 60
Lucélia Muniz

O catador de pensamentos ----- 61
Luciana Muniz da França

Origami da transformação ----- 62
Luiz Kohara

Entre a folha ----- 63
Luiz Otavio de Santi

Desinências do adeus ----- 64
Magnus Kenji Hiraiwa

Imersão — 65
Maicol Cristian

Ilusão — 66
Marcela Maria

Mérito — 67
Marcela Maria

Neutralidade — 68
Marcela Maria

Complexo de cinderela — 69
Marcela Maria

Café da tarde — 70
Marcela Maria

Determinismo histórico — 71
Marcela Maria

Entre as linhas — 72
Márcia Alamino

Resta o tempo — 73
Marcos Barreto

Num piscar de olhos — 74
Mila Bedin Polli

Escrever — 75
Eduarda Nadaes

Solidão III — 76
Maria Fulgência

Entrelinhas da vida — 77
Lucinha Amaral

Já dizia o poeta -- 78
Marilac Anselmo

Intermitências --- 79
Martha Cimiterra

Arriscar-se --- 80
Matheus Piva Ribeiro

Um --- 81
Moacir Angelino

Sem ensaios -- 82
Monica de Almeida

Haicais: turbilhões -- 83
Neusa Amaral

Ilha de Guam --- 85
Pedro Gabriel Gusmão

Boias-frias -- 86
Regiane Silva

Sem graça --- 87
Remy Sales

O que contém uma gota? -------------------------------- 88
Renata Bicalho

Silêncio -- 89
Rodrigo Loschi

Sonata do dia / Desértica / Linhas do varal ---------- 90
Ronaldson (SE)

Olhar interno 91
Rosinha Lima

Caminho 92
Rosângela Maschio

Lunar 93
Rosangela Soares

Alinhando o desalinhado 94
Sande Maria Gurgel D'Ávila

Escatologia do horror 95
Sub Versão

Poema-tecido 96
Tamires Romano

As linhas e entrelinhas da vida 97
Victor Rodrigues dos Santos Filho

Pormenores 98
Zilca Coutinho

Expande
Ágata Cruz

Dizem que a saudade aperta.
Tenho para mim que ela expande,
Faz crescer o que já era.

No peito já não cabe mais,
Porque o que era se multiplicou.
O amor quer mais espaço,
Sai empurrando os limites que encontra.

E cresce,
Expande,
Aperta.

Reféns
Alexandre Francisco de Campos Pires de Godoy

Nem sempre faltam palavras
Para também deixar explícito
Tudo o que há para perceber
No que não está sendo dito

Muitas vezes o que é verdade
Prova não ser tão convincente
Quanto a vontade de acreditar
No que é mais conveniente

E quando a prisão mais forte
É a ilusão de liberdade.
Quem vai conseguir se livrar
Dos enganos que idealiza?

Haikais
Amauri Munguba

Rede social
uma sala sem paredes
tudo já nelas

Quem semeia paciência
não se perde
em desesperar

A chave das relações
é ouvir ou vir
de mente aberta

Quando vi

Bernardete Lurdes Krindges

Quando vi,
A tempestade já havia passado.
O inverno acabado e
Os sabores voltaram
A permear minha vida.
Nas delícias de cada amanhecer primaveril.

Deslumbrando uma nova oportunidade
De transformar a vida.
Pelo simples fato
De observar o belo,
Ouvir a melodia do vento,
Pelo simples olhar
Do tudo,
Do nada.

Que nos chega a todo instante,
Deixando a vida florir,
Num lindo tom lilás,
Deixando para trás.

Nas entrelinhas não escritas,
O que não valeu a pena,
Ser escrito da construção
Da história marcada pelo tempo.

O espelho e o outro
Betty Veríssimo

Não vou ser mestre, se não fizer discípulos.
Não vou ter discípulos, se escolher aparências.
Não vou estar sadio, se minhas mãos não ajudarem os doentes.
Não vou ser mais santo, separando-me de todos.
Não vou ser mais forte, deixando meus braços mais musculosos.
Não vou ser mais puro, negando o meu abraço.
Não vou ser mais sábio, lendo mais livros.
Não vou ser mais amoroso, chamando a todos de amor.
Não vou ser o primeiro, passando os outros para trás.
Não vou ser mais sincero, falando tudo o que penso.
Não vou ser mais grato, usando somente o "muito obrigado".
Não vou ser mais educado, pedindo por favor apenas.
Não vou ter mais vantagens, usando meu grau de parentesco.
Para que suas qualidades apareçam
Não desfile com faixa na cabeça.
Diminua seu tempo no espelho
E aumente seu tempo com o outro.
O espelho refletirá sua beleza exterior.
Se, não satisfeito, dá-se um jeito.
O outro refletirá sua grandeza interior.
Receberá de volta, o que você mesmo doou.

Notas de um velho papel

Bruna Milagres

Que pena
Nem hoje
Nem nunca.

Há coisas que não poderiam sair do papel.
Então, você pode rasgar esta folha
Impiedosamente.
Porque o que há nela, não pode sentir.

Uma ponta de caneta macia ou uma facada,
Não importa.
Porque aqui não há carne nem corpo.

Ainda assim, a pior morte
É através dos olhos.
De quem me lê
E não me leva.

Parede
Bruno Serra

Ao deitar, estiquei o braço.
Toquei alguma coisa
Que não dizia nada.
Uma escada encostada
Na parede sólida.
Sustentava um teto, mórbida.

Virei-me. Vi um céu pela janela.
Senti afeto por ela,
Armadilha da parede.
Indelicadeza
Refletida em linhas desenhadas.
Certeza.

Contei imagens,
Por ora descascadas
Em íntima solidez.
Supus o medo,
Jogado na parede
Riscada, arrependido, de vez.

Levantei, matei a sede,
Saquei a rede.
A linha arranhada
Por lamúrias constantes.
Cuspi na parede. Esqueci do passado,
Joguei o dado... alinhado.

Ainda

Cami Bonfim

Sinto falta disso...
De quem ainda não abracei
Do que ainda não li
Das paisagens que ainda não apreciei
Das comidas que ainda não degustei
Dos cheiros que ainda não senti
Dos olhares que ainda não troquei
Dos mistérios que ainda não decifrei
Dos passos que ainda não dei
Dos ares que ainda não respirei
Das verdades que ainda não foram ditas
Da arte que ainda não contemplei
Das músicas que ainda não ouvi
Das auroras que ainda estarão por vir
Das águas em que ainda não me molhei
Das cores que ainda não pintei
Das sensações que ainda não tive
Da pessoa que ainda não fui
Do carinho que ainda não dei
Dos prazeres que ainda não senti
Das histórias que ainda não contei
Das descobertas que ainda não fiz

...

Ainda!

Grito de liberdade

Cleobery Braga

Compaixão, aventura, sofrer em vão.
Não entendo o motivo da situação,
Liberte-me, soltem as amarras,
Já fico em casa, uso máscaras.

Deixo o tempo passar e fervilhar.
Continuo preso à indecisão,
Preciso voltar a respirar.
Tragam de volta a imaginação!

Construam pontes de amor,
Amizades retornam sem temor.
Queremos conhecer quem errou.

Sabia que não ia dar certo.
Insistiram em manter o aperto,
Sufocaram até me ter por perto.

Vencemos com resistência!
A prisão foi erro gritante.
Reclamamos com persistência,
A suprema ignorância é revoltante.

Agora cantamos com louvor,
A liberdade esmagada com pavor.
Saibam que somos sonhadores,
Não devemos nada aos senhores.

Itinerantes

D'Araújo

Na triste trajetória do ser,
Quando o amor se quebra.
Os nossos fragmentos são expostos,
Nos delírios do espírito, trazendo a alma,
Em desencanto, o coração a postos.
E nos perdemos em devaneios,
Nas entrelinhas dos sentimentos.
Que nos fazem itinerantes, no pensar, no querer.
E no estar, quase sempre entrelaçado pelo
Desejo do para sempre.

Revelação
Dalva Paranhos

Nem tudo cabe em palavras,
Mas é preciso dizê-las,
Pois o silêncio é muito mais impreciso.
Às vezes, prefiro as entrelinhas.

A obviedade nem sempre está no que se diz, ou no que se sente,
Mas no que está subentendido.

Quando uso uma palavra,
Quero apenas que ela exista,
Tanto quanto ela me faz existir.

Mas quando sinto algo,
Somente o meu olhar traduz o que está implícito.

Existo entre palavras.
Vivo de sentimentos.
Revelo-me nas entrelinhas.

Entrelinhas

Dirceu Luiz Simon

Perdido...
Procurei-me nos outros.
Numa folha do seu caderno,
Marcas do que já fomos.

Perdido...
Segui o caminho inverso.
A lembrança dela permanece
Em alguns dos meus versos.

Perdido...
Não vejo saída.
Encontraram nossas digitais
nas **ENTRELINHAS** da vida.

Transbordando
Eila Andrioli

Sou a criança, adolescente,
A jovem que um dia despertei
E, juntas, a mulher que me tornei.

Sou minhas perdas e conquistas,
Os sonhos que almejei.
Alguns, eu vivo no agora,
Outros ainda não sei (se viverei).

Sou a calma, silêncio da voz
E exagero com as palavras.
As escritas, não as faladas.

Sou as músicas que ouvi e dancei,
As brigas que presenciei
E os gritos que calei.

A indecisão e angústia
Disfarçada de sabedoria.
Sou brisa mansa
E também ventania.

Nas discórdias alheias
Sou o acordo de paz,
Nas minhas, incapaz (do acordo).

Sou o todo que me habita,
Esconde-se no profundo,
Transita pelas beiradas e
Às vezes, transborda.

Entre as l-i-n-h-a-s

Elaine Alves Kunihira

Entre as linhas desses versos,
Eu componho o universo
De sonhos e de ilusões.
Costuro os sentimentos,
Os eternos momentos
De aventuras e emoções.
Um p-o-n-t-o por vez,
Uma letra por vez.
A cada sonho transportado para o papel,
A cada bordado feito à mão.
Eu fio uma história
Retirada sutilmente,
Das páginas da minha mente.
Pespontadas de ideias,
Sublinhadas no coração.
Nessas linhas, eu teço e expresso
Sobre um mundo diferente.
Muito longe do concreto,
De amores inocentes
E de vidas inerentes
Da minha imaginação!

Tulipa Negra
Ellen Gabriela Correia Pires

Tuas curvas, tornei-as meu sacramento
Idealizo a palidez nua dos ventos
Para que a Lua dispa-se no teu amor
Perpetuando-te em minha história, Negra Tulipa.

Triunfei nos teus caminhos
Por ti escrevo versos,
E na crueldade do fim de tua vida
Fiz-me uma alma ferida, fiz-me teu réu.

Como dançavas reluzente, naquela noite de 7 de maio,
As árvores ao redor nesta floresta aplaudiam-te,
As mesmas que estão acolhendo-me nas sombras delas.
Porque esperei-te tanto que morro a cada vez que amo-te.

Por ti, beijei a morte!
E tu minha Tulipa Negra
Estará sempre sob meu corpo, pois após a morte meus ossos putrefaram olhando para cima
Para que como castigo por amar-te tanto, minh'alma morra todas as vezes que tu brilhar no céu.

Bagagens & Viagens
Eneida M. Nogueira

Quanto menos melhor.
Aprendi, depois de muitas viagens a me levar...
Agora, o olhar atento e a sensibilidade
São as mais significativas bagagens.
Aprendi a viajar nas entrelinhas...

A cada recanto visitado,
Retiro o fôlego da contemplação:
Na percepção do aroma exalado pelas plantas
ou na efervescência das megalópoles.
É a vida pulsando, incessantemente, em todos os lugares.

A bagagem está sempre ali, em um cantinho de mim...
De fácil acesso, porém conquistada com muita aprendizagem...
Agora, ela é livre para transitar continentes.
Ou, até mesmo, o jardim de casa, em uma manhã ensolarada de setembro...

Soneto da supervisão

Fábio Caetano

Desse varonil Distrito,
olhando o povo aqui de cima,
nesse irreal constrito
onde tragédia a todos nada ensina,

o sulco da roda da história na lama repetida
vai fazendo outra volta
corrompida e muito torta
em ceifa em toda alma que tem vida.

No fedido chorume quente
em que se exclui e mata
todo tipo e cor de boa gente,

o imbecil contente é o sabido
sem desconfiar que O Diplomata
o vai deixar muito mal e bem fodido.

Entre olhares

Fabrícia Coelho de Freitas

Eu gosto de olhos,
Não me importa se são verdes, azuis ou marrons.
Gosto daqueles que trazem alegria,
Transbordam vida em vários tons.

Admiro aqueles que sorriem com os olhos,
Muito embora nem todos o saibam fazer.
Em muitos outros vejo a tristeza,
Por entre os meus, lágrimas a escorrer.

Gosto daqueles que se calam e tudo dizem,
Que se emocionam e não se deixam abalar.
Por palavras ou gestos de desleixo,
Que alguns venham lhe lançar.

Falam de amor, de paz, de vida.
Falam verdades jamais ditas!
Calam-se na solidão do desgosto,
Por jamais conhecerem o gosto
Adocicado de sua boca.

Imagina a ação
Félix Barros

Um canto de olho,
Um olhar insinuante.
Uma pose assimétrica,
A mão nos cabelos,
Jogando para o lado,
Mostrando sua nuca.
Narinas dilatadas,
Um leve muxoxo.
Mostrando as orelhas,
Cruzando as pernas,
Sorriso discreto,
De canto de boca.
Saliva tão seca,
Calor que não para.
Tirar sua roupa,
Fazer poesia
Com as próprias mãos,
Devorando páginas
De contemplação.

Mensagem do eterno

Fernando José Cantele

Ofuscada pelo sol,
Despontava no horizonte
Uma sombra.
Um caminho invisível,
Disperso,
Retorcido,
Por tesos contornos
De medo e dor.

Duplo ser
Flávia Alvim

Alimenta-me sem ázimo,
Sacia-me sem água.
Presencia-me sem corpo,
Fala-me sem boca,
Toca-me sem mãos,
Endireita-me sem pés,
Inspira-me sem ar.

É o Verbo sem conjugações,
É a Eternidade sem mortalidade,
É a Palavra sem letras,
É o Caminho sem estrada,
É a Verdade sem matemática.

É o Fundamento do Ser,
É o sentido, o significante e o significado
De uma mera criatura perdida,
Em suas mil versões de ser
Demasiadamente humana.

O verso da aquarela

Chico Fonseca

Adoro aquarelas, mas nunca me dei muito com elas
"Se um pinguinho de tinta cai num pedacinho azul do papel"
Num instante pego o lápis e deixo de lado o pincel
Viro a folha e começo a esboçar metáforas
Com o grafite contornando os versos no verso vazio, macio do papel canson
Pelo lado do avesso, exerço o direito de fazer um contraponto
De um lado, poesia, do outro, aquarela, duas faces de um mesmo encontro
A tinta dissolvida em água, o poema diluído em sonhos
De um lado me derramo em palavras, do outro extravaso em cores
De um lado combino os matizes, do outro falo de amores
A aquarela exigente, de pincelada ligeira, não permite correções
Mas no poema divago, afago as palavras sem pressa
Com dedos delicados de amante, no encantamento das reflexões
Dividido e confuso, encontro um subterfúgio
Dobro o canson da aquarela, faço uma gaivota com ela
E lanço com força no espaço
Acompanho seu voo da janela, rodopiando no céu,
Voando na fantasia, batendo asas de papel,
Onde escrevi os meus versos e pintei minha emoção
A aquarela, um dia, descolorirá,
Mas o meu poema, perene, flutuando na brisa da viração
Sabe ao certo onde te encontrar
Basta abrir as janelas do teu coração
Que, se você quiser, é lá que ele vai pousar

Metapoema
Chico Fonseca

O poema não precisa de métrica nem rima,
Precisa apenas de asas
Para poder voar no verso livre.
Sem as amarras das sílabas contadas,
Sem a baliza das estrofes numeradas,
Sem rendilhados nem redondilhas,
Sem sentimentos enquadrados.
Precisa é sentir o frio na barriga,
Da queda livre no vazio,
Sem métrica para segurar.
E quando sinto que me tenta a rima,
Mudo a prosa, instigo a mente
E sigo adiante
Por mares nunca dantes...
Prefiro navegar,
Na rala bruma da manhã nublada,
Na direção da linha rarefeita do horizonte incerto.
Driblando a armadilha das regras estabelecidas,
Obedecendo apenas a falta de limites do meu sentimento.

Juventude

Gabriela Guratti

Com o mundo na palma da nossa mão,
Não temos a mesma devoção e pressa dos que passaram.
A vida não passa de uma dissimulada promessa
E a responsabilidade, uma ingênua suposição.

No banco traseiro de um carro,
Duas línguas brincam de se amar.
Alguns amigos optam por um cigarro,
Enquanto outros escolhem se embebedar.

Conhecemos quem já brinca de mães e pais.
Mas nós não, ainda somos apenas dois boçais,
Com o peito cheio de planos, ideias e ideais.
Não aceitamos que nos calem mais.

"Larga de heroísmo e vai ser igual seu pai", alguém diz.
Sem se importar se hipocrisia e obediência fazem feliz.
Talvez seja errado depender tanto da sorte,
Mas vale mais ser o dono dos próprios cortes.

De mentes selvagens,
Corações sensíveis
E bocas sedentas.
Será que estamos fazendo valer a pena?

Percursos
Gabriela Gouvêa

    do tronco   ao verde

                Seiva

    do corpo   à luz

                Sangue

    do fogo   ao tino

                Brancos

    da mágoa   ao novo

                Coragem

    do viço   à queda

                Tempo

    do laudo   à cura

                Sorte

    do sopro   ao pó

                Ser

Encontros e desencontros

Giúlia Santos

Na vida, as flores se entristecem em dias insuportáveis.
A escuridão transita no que permanece,
No desapego ao infinito perdido, houve encontro.
Nas passarelas do destino ocorrem desencontros.
No amor a luz incendiou,
Queima e arde um coração quebrantado.
Os cacos se unem no propósito além,
Entre sol e céu, névoa do acalentado.

Paixão e medo, dualidade sem segredo.
Presos a alma, fruto do destempero,
Cativa, afoga, destrona e renasce,
Em alcance sazonal horizonte imperfeito.
Contemplado pelo vento surreal,
A casa aberta recebe o ocasional.
Perdi nos campos o limite de puridade,
Reencontrei na esperança viva o sentido de felicidade.

Sou folha

Greici Ferrari

Nas folhas do outono, vejo cores.
Movimentos. Pausas.
Verde.
Amarelo.
Laranja.
Vermelho.
Marrom.

Cada cor um sentimento.
No verde, vida que nasce.
Amarelo, beleza que irradia.
Vermelho, força.
Laranja é filho, resplandece.
Marrom, para terra elas voltam,
Formam tapetes.

Eu também sou folha.
Sou cor.
Sou Tom.
No efeito degradê que elas fazem.
Olho para dentro,
Enxergo-me.
Morro.
Renasço.
Verde. Amarelo. Vermelho. Laranja. Marrom.

Amadurecer ...

Guiomar Paiva

Amadurecer o fruto
Para que a sobrevivência seja alimento.
Amadurecer o feto
Para que a palavra se cumpra.
Amadurecer a ideia
Para que se aprimore a criação.
Amadurecer as decisões
Para que as atitudes sejam coerentes.
Amadurecer o sofrimento
Para que a alma cresça.
Amadurecer o gesto
Para se sentir harmonia.
Amadurecer a sensibilidade
Para se estar em sintonia.
Amadurecer a solidão
Para que se escute o silêncio.
Amadurecer o silêncio
Para que se transforme em oração.
Amadurecer a carência
Para que em Deus, você se baste.
Amadurecer você
Para que outro se descubra.
Amadurecer o perdão
Para que a mágoa seja ofertório.

O sabor do ponto final

Helio Valim

Provo, porque as palavras fluem.
Como doce néctar escorrem,
Em suculentas gotas de advérbios,
Mas me engasgo com impropérios,
Que amargam o meu degustar.

Provo, porque as palavras fluem.
Coquetéis de frases inteiras,
Consumo até a derradeira,
Embriago-me de tal maneira
Que me perco entre saideiras.

Provo, porque as palavras fluem.
Sorvo, até os textos que contesto,
Pois, palavras são drinques
Suaves ou não, que aprecio,
Os quais não canso de deleitar.

Provo, porque as palavras fluem.
Líquidas, pela garganta vertem,
Algumas resistem, outras divertem.
No fim, todos provam, afinal,
Nada como o sabor do ponto final.

Desalma
Íria de Fátima Flório

Meu olhar penetra profundamente no seu
Nossas mãos se cruzam
Nossos corpos se entrelaçam
E neste momento, tornamo-nos um só
Nossa respiração ofegante
Faz lembrar que nosso amor
É tesão, paixão, emoção
Soltos pelo espaço-luz
Quando o ato termina
Tudo vira calmaria
E nossa respiração tranquila
Faz lembrar que seu amor
É incerto, liberto

O meu?

Deserto...

Sarid

Israel Pinheiro

Imagino a tua casa celestial,
Imagino a tua cátedra celestial.
Jaelson, professor de anjos!
Imagino a tua entrada no Santo dos Santos,
No teu peito, a insígnia da ordem de Melquisedeque.
Imagino tuas vestes lavadas no sangue do Cordeiro,
Imagino o teu corpo celestial, santo, imperecível.
Onde não mais se acham marcas de lesões líticas e de nodulações,
Só trazes em teu corpo glorificado as marcas de Cristo.
Na tua mente renovada, incorruptível, eu imagino.
Existe vívida lembrança
De que nossa amizade não foi há tanto tempo.
Incomparável amigo,
Imagino a tua aurora!
Sob o Sol da Justiça, tu caminhas triunfante!
Encontraste o teu tesouro,
O teu rosto resplandece.
Enfim, é dia perfeito na tua vereda.

Haikai
Ivete Cunha Borges

em tarde outonal
os ponteiros a ecoarem
as folhas vão e vem

a cair a neblina
no alto da serra de inverno
a saudade voa

com vento cortante
a dança rosa das pétalas
acordam os sinos

Nas linhas de mim,
Nas entrelinhas a loucura

Jefte Perez

Dar-se por mim em uma expressão qualquer.
Quando percebo que o que compõe
Minhas histórias são trechos.
Que nem eram para existir, mas que agora há.
Por mais estranho que pareça, incógnita vinda [os loucos são rasos,
Um "rasear" profundo os circunda, se tropeçarem, já eram].
É nas entrelinhas que dá liga.
Por caminhos conduzidos, pensados ou encontrados
[pouco se encontra no triste pensar de seus caminhos].
É por um instante o belo embalo.
Nessa onda, pequena onda, que por sinal vem súbita,
Nela que vivo, alguns chamariam de impulso,
E aí, confundo-os jogando no jogo.
O que se há, o respirar.
E mais uma vez os empurro,
Para me decifrar nas linhas de uma expressão qualquer.
[por ser mato da loucura, que temidos olhares os perseguem,
Por não serem encontrados, são lidos nas entrelinhas de uma expressão qualquer].

As consequências das minhas escolhas

Jessana da Silva.

Sou um ser indecifrável,
Inconclusivo,
Indeciso,
Mas sensível.

O silêncio é meu escudo.
Faço a confiança de armadura.
Não a tiro para todos,
Minhas entrelinhas são para poucos.

Agrada-me pensar que
Entre as linhas tortas.
De escolhas e tropeços.
Imaturidade e acertos
De minha vida, eu percebo.

A minha prisão do hoje
É consequência
Das livres águas passadas.

Por isso, aceito
Mesmo que às vezes padeço,
As minhas novas estradas,
Sem olhar para trás.

Exagero
Joana Máximo

Quando fala e quando cala
É exagero querer ser
É exagero sentir
Sinto em exagero?
Quero em exagero?
Parece que exagerar tem cor
        pode o preto ser exagerado?
Quando falo das minhas dores é exagero
"nem foi assim"
"não foi a intenção"
Tudo é raça?!
Você é exagerada
Porém, mais um corpo negro no asfalto
ninguém diz nada
Quando choramos a dor dos nossos é exagero
Mesmo se me mantenho calada, parece exagero
Ousar viver é exagerado
Como partilhar sem exagero
Como embranquecer os desesperos?

Luz súbita

João de Deus Souto Filho

A vida passava em preto e branco:
Vida insossa, sem tempero e sem viço.
As horas se arrastavam, apenas...

Tudo era embaçado e sem brilho,
Como que sufocado pelo fogo eterno
De uma mesmice que inundava tudo...

O tempo não subia em espiral:
Era uma linha reta e plana,
Retrato da monotonia...

Tudo parecia imutável e triste:
Olhos de não ver,
Coração de nada sentir...

Vem a chuva, então,
E o escorrer da água no telhado
Trazendo o barulho dos pingos no umbuzeiro.
Faz brotar em mim uma esperança nova:
Pego a sanfona esquecida no fundo do baú,
Sopro calmamente a poeira de décadas
E começo a dedilhar uma canção,
Que brota do meu coração endurecido
Como brota do umbuzeiro adormecido,
A primeira folha de viçoso verde...

Nada a fazer

João Júlio da Silva

Concreto grita rigidez,
Ecoa abstrato ao redor.
Olhar vago de pedra cansada.
Quem arquiteta tamanha imobilidade?
Sol entrevado, sem gestos,
Solidão feroz articulando poeira.
Solidez inútil,
Vislumbrando túmulo
Em essência de pedra.
Singular gênese apodrecendo,
Tumulto molecular dos dias.
Chamam a isso existência?
Cálculos enrugados
De engenharia exata!
Encravado,
Teimosia de ser vivo.
Ruídos de muitos ossos
A dançar no canteiro seco da praça.

Nascimento...

Joce Costa

Não nasci no dia do parto,
Nasci no dia que descobri quem sou.
Sim, nos desencontros da vida
Ficam escondidas as verdades.

Verdades...
Doem, mas lapidam a alma de certezas,
Jogam as fraquezas no vale podre da existência,
Reconstroem o amor e a essência divina de ser.

Foi então que descobri,
Que sou luz como o sol.
Forte como a rocha,
Cria do Criador.
Sou alma de escritor!

Nasci para a vida verdadeira,
Para o amor sem fronteiras,
Para a essência do meu ser.
Quisera muito mais dias nesta existência,
Para desfrutar esta sublime vivência.
Experiência... Amor-próprio!

Da vida e do sentir o viver
J.P. Neu

Frágil, efêmera, delicada e preciosa.

A vida e seus muitos mistérios, seus muitos segredos, suas surpresas.

Ricas sensações incontáveis e sempre novas,
A cada novo olhar, a cada nova esquina, a cada nova montanha subida.

O caminhar de mãos dadas, o beijar suave na brisa de uma sacada,
O filme que passa ignorado na tela de madrugada.

O calor dos corpos nus na cama numa manhã de domingo,
O frio arrepio da chuva, que toca a pele molhada pela chuva passageira interrompendo uma tarde ensolarada.

As tristezas das surpresas, nas despedidas inesperadas,
As alegrias nos reencontros de pessoas amadas.

O resplandecer do Sol, nos gramados congelados de uma manhã de geada,
Almas, que distraídas, se veem de repente entrelaçadas.

É bela, é tranquila, é agitada e finita,
Bonita, completa e preciosa.

Permitimo-nos e a sentimos em nossa caminhada,
Naquilo tudo que construímos juntos, porque qualquer lugar com você é casa.

Obrigado, amor, por me convidar para entrar!

Obrigado amor, por me ceder um lugar!

Por compartilhar e somar!

Por fazer questão do agora, sem deixar que o passado e o futuro nos distraia com o que se passa lá fora...

Gratidão!

(Des)Apontamentos
Karina Lacerda

Movimento constante na janela,
Prelúdio de uma tarde ensolarada.
Eu sinto o cheiro quente da panela,
O calor que me mantém acordada.

Meio-dia, mesa posta, então peço,
Para a jovem, com saudade, a cor.
Um só prato, respiro e recomeço
Sem vontade, só um grito sem dor.

Chuva lava os meus olhos em contraste,
Com os risos que invadem meus ouvidos
Refletem a fantasia que tiraste.

Volto o olhar para o céu, realidade!
Buscar a cor e o respeito devidos
A água lavou toda a insanidade...

Objetificação
Keyti Souza

entreguei minha alma,
dei meu coração,
amor,
respeito.
fiquei ao teu lado,
Fui teu apoio,
tua irmã e tua amiga.

E o que você viu em mim?
sou apenas corpo,
coxas grossas e seios firmes,
Carne dura sob a pele macia.

sou apenas corpo.
Dentes brancos num sorriso bonito,
Boca carnuda na pele preta.
Pele preta que reluz.

sou apenas corpo
depilado,
unhas feitas,
cabelos bem cuidados.

enquanto você amava e dominava meu corpo,
Não viu meu coração,
não viu minha alma,
não viu que sou inteligente,
que sou mulher,
que não sou apenas corpo.

Repita
Laura Zúñiga

Você não precisa
Se justificar
Para ninguém.

Agora, repita:

Você não precisa
Se justificar
Para ninguém.

Agora, repita:

Nestas entrelinhas
Leila Maria da Silva

Minhas palavras ecoam nessas entrelinhas
Buscando alguma razão para tua ausência,
Algum sentido para a saudade que eu sinto.
Mas o que vejo é teu vazio em meu mundo,
Queria estar em teu abraço neste momento,
Ouvir teu coração agitado por minha causa
Como meu coração fica sempre que lembro
Das cores exatas que eu só vi em teu olhar.
Nestas entrelinhas é que eu te reencontro,
Que posso revelar o querer que tenho por ti,
Este sentimento que nasceu assim que te vi
Que eu não sei disfarçar quando eu rabisco,
Esses versos que você me ensinou a fazer.
O tempo nos levou para lugares diferentes,
Afastando os nossos corações do final feliz
Que só a poesia que nos une pode revelar.
Não quero nessas entrelinhas escrever mais
Tentando me enganar que um dia sentirás
O mesmo desejo que trago em meu corpo.
Esse amor que faz toda minha alma saltar,
Sempre que teu nome vem me relembrar
De tudo o que nós não pudemos vivenciar.
Mas como posso parar de sentir por você
Um amor que faz florescer poesia em mim?

Além do frio

Lidiane Telles

(...)
Um dia, eu disse a ela:
—És tão inspiradora, porém, tão fria.
—Aprenda a me amar – respondeu-me tão bela —, ficarei com você para sempre. Posso ser
elegante entre as sombras e o silêncio.
—Diga-me ao menos o seu nome.
—Solidão.

Abismos
Liliane Mesquita

Sinta o abismo...
O vento toca seu rosto à beira do caos.
Respire, pare e pense...
E na contradição entre o belo e profundo,
Viva! Ecoe seu grito, rompa o incabível
E com medo anestesiante.
Dê um passo! Só um passo.
Encare o vazio existencial.
Um silêncio ecoa na alma.
Olhe adiante, na linha do horizonte, a esperança.
Salte!
Vá na direção das suas possibilidades,
Mergulhe no profundo do vazio
E rasgue as amarras do que lhe fere.
No fim do abismo há tanto para ser.
Já não cabes em ti,
Podes ir além das linhas abismais.
Voe! Abra as asas daquilo que podes ser.
Conheça as entrelinhas do seu próprio eu
E desperte os sonhos adormecidos.
Recomece sempre!
Porque a vida é feita de ciclos:
Grandes, pequenos, sutis... linhas retas, tortas, mortas... infinitas.
Repleta de abismos para desbravar.

Ressignificar
Lucélia Muniz

Todo dia é dia de aprendizado
E não podemos colocar um ponto final,
Pois quem acha que já sabe tudo,
Perde por aprender mais.

A sabedoria é uma fonte,
Que nunca há de secar,
Pois quem bebe dessa água,
Sabe que não é para saciar.

É da sede de sabedoria,
Debruçados sobre os livros,
Que mais sede teremos.
E da fonte da sabedoria
Desta sempre beberemos.

Nunca esqueça de ressignificar,
Tudo o que aprendemos,
Além das páginas dos livros,
Leia as páginas da vida.
Pois desta, o aprendizado também dita,
Qual ser humano seremos!

O catador de pensamentos

Luciana Muniz da França

Ele tinha um ofício especial:
Catava pensamentos.
Um trabalho minucioso e preciso,
De paciência, dedicação, zelo e lealdade.
Colher pensamentos pela cidade!
Os pensamentos são tantos e diversos.
Um turbilhão de sentimentos,
Que quando coletados
E classificados
São plantados.
Quando nascidos...
Que novidade!
Nascem reciclados,
Todos transformados
Em beleza e novidade,
Um verdadeiro encanto!
O dia começa e os pensamentos renascem,
Mas transformados.
A coleta de outros pensamentos começa,
Seguindo um novo ciclo
Para transformação.

Origami da transformação

Luiz Kohara

Eu era um pedaço de papel branco
Com alguns rabiscos.

Dobrei-me, dobrei,
Transformei em um barco.
Percorri os rios e os mares,
Indo até as minhas águas profundas,
Ainda límpidas.

Dobrei-me, dobrei,
Transformei em um avião,
Cheguei nas nuvens, descobri os céus,
Alimentei os ressecados poros cansados
Com gotículas puras.

Dobrei-me, dobrei,
Transformei em uma ave tsuru,
Voando encontrei a divindade e a paz da solidariedade,
Que foram reavivadas dentro de mim
Como a fé infantil.

Dobrei-me, dobrei,
Transformei em uma estrela
Bem no alto, vivo para iluminar
E fazer da esperança um raio a brilhar,
Nas mãos que rabiscam e dobram.

Entre a folha

Luiz Otavio de Santi

No verso da folha
Há um verso.
Lá, a palavra neve
É totalmente branca.
E não está no prelo,
Está no branco imerso.
Quando traduzida
Traduz a celulose.
É neve escura, preta
Palavra greta, impressa
No teu olhar diverso.

No princípio, pensei em traduzir
Um poema nesse espaço.
Decidi não citar mestres ou musas,
Escondi os carimbos literários.
No fim, prefiro o vago,
Pois quem coloca a imagem aqui é você.
Não é a que eu faço!

O escuro dá espaço à imagem
Como o silencio dá ao som.
Fertiliza as imagens
Como o silêncio define o espaço,
Entre as notas musicais.

Desinências do adeus

Magnus Kenji Hiraiwa

Meu olhar repousa na distância do paralelepípedo,
Embaçada a minha vista de comoventes futuros.
Cenotáfios de meus asseios,
Ofélicos,
Flutuando imóveis.

No que tu silencias,
Partícipe de mim.
Carente de forma,
Sugerindo distâncias.

Meu coração chupado,
Copo vazio,
Cigarro apagado.

E colegas passam,
Restando no ar,
Afagos de normalidade
A instigar conformismos.

Imersão
Maicol Cristian

Naufrago numa noite espessa e sem luar.
Enquanto jazo impunemente,
Antes que possa emergir do mundo dos sonhos,
Entregam-me ao mundo dos mortos.

Chego à recôndita turbidez dos sentimentos velados,
O silêncio abraça a escuridão.
O confronto é breve e cáustico,
Subjugado, encontro meu destino.

Rogo a todos os deuses
Como se eu acreditasse em algum.
Enquanto percorro o corredor escuro,
Que leva àqueles velhos aposentos gélidos.

Lá jaz a cólera que preferi esquecer.
Mas, sem pedir licença, ela retorna,
Abraça, tortura, devolve-me ao abismo onde já estive.

Ardendo, refuto as trevas.
Obstinado, rebelo-me e anuncio:
Capitão, meu capitão!
A águia alçou voo,
O timoneiro está no comando.

Ilusão

Marcela Maria

O mito da democracia racial
Sussurra,
Promete.
Encanta
Ao pé do meu ouvido
Castelos inalcançáveis.

E como muitos, parte sem explicação!

Mérito

Marcela Maria

Eu quero falar da minha hipocrisia.
Essa que fala,
Essa que argumenta e se baseia em teorias.
Essa que faz pausas e usa exemplos,
Essa que seleciona as melhores palavras.
Essa que pensa cada pensamento,
Essa que está à frente dos possíveis julgamentos.
Essa que dorme tranquila, serena.
Essa dissimulada que te prende aqui
E que não te solta.
Que te faz não desistir do poema
Para encontrar resposta.
Para encontrar consolo na sua hipocrisia,
Se queres consolo, digo: nossa hipocrisia!
Se queres verdade,
Não mereces consolo,
Mereces hipocrisia!

Neutralidade

Marcela Maria

Queria profundamente
Que meus escritos não tivessem cor.
Desejo contraditório, pois
Letra sem cor não é lida.

Complexo de cinderela
Marcela Maria

Não é só o pé que não se encaixa,
É o corpo.
É o rosto.
É a pele.
Não era uma vez,
Era um complexo.

Café da tarde

Marcela Maria

Eu bebo teoria
E vomito epistemologia branca.

Café e pão,
Agricultura cafeeira,
Trigo amassado pelo diabo.

É isso que eu consumo
E você aplaude.

Determinismo histórico
Marcela Maria

Eram heróis,
Eram rainhas.
Eram cientistas,
Eram poetas.
Eram humanos,
Foram escravos.

Entre as linhas
Márcia Alamino

Juntei pedaços de retalhos espalhados,
Uns coloridos, outros embaçados ao olhar.

Cada um que eu unia,
Lembranças únicas me trazia.
Bordadas nas entrelinhas,
O pano aos poucos ganhava cor.
Surge um rosa cheio de beijos,
Outro mais, encarnado de desejo.
Surge o branco de pureza e esperança,
Tendo três anjos como lembrança.

Como uma roda gigante,
A manta rolava em minha mão.
Parava de vez em quando
Numa nova incursão.

Juntava os panos, cerzindo devagar.
Perdida por entre as linhas,
Cada retalho em seu lugar.
Sol que aquece, noite que escurece,
Chuva que cai, verde que sai.
Tempos de agitação, momentos de resignação.

A colcha iniciada já no colo não cabia,
Esparrama-se pelo chão.
Os retalhos empilhados,
Nem na metade chegaram.

Resta o tempo
Marcos Barreto

A vil sede desperta e acalenta,
Profundo e inerte o sono da alma.
Saciada, então ela calma e lenta,
Recomeça tão sutil o seu trauma.
Algumas vezes demais arrebatador,
Outras, profundas marcas cruéis.
Revelam o caráter e tamanho da dor,
Que só o tempo pode inibir o revés.
O mar sorri e ensaia a coreografia,
A dança, o convite ao inevitável.
Seduzida, a alma fita a onda fria,
Mergulha tão nobre no inexplicável.
Em mistérios, mansa e sem pudor,
A alma flerta com o mar e o infinito.
Resta o tempo calar ao dissabor,
Na imensidão das águas o grito...

Num piscar de olhos

Mila Bedin Polli

Preciso te dizer uma coisa.
Suspiro. Respiro.
Não consigo, desisto.
Caminho e penso se você me ouviria.
Onde estaria?
Na noite fria? Na casa vazia?
Não sei ao certo. Desespero-me.
Preciso te encontrar de qualquer jeito.
Quem tirou você de mim?
Quero te aninhar no meu colo... deito-me.
Meu peito secou. Eu murchei.
Você partiu. Eu te senti.
O que ia te dizer?
Já me esqueci.

Escrever

Eduarda Nadaes

Escrever nem sempre é a melhor saída,
Quando a internet acaba.
Quando a festa está chata,
Se a criatividade não deixar fluir,
É, não temos para aonde ir.

Olhar o chão descascado,
Contar as traças no canto remendado
De nada adianta se um sorriso não for arrancado.

Escrever não transmite a dor,
Que sinto ao te ver tristonho.
Mal consigo transmitir o amor,
Que é te ter ao meu lado.

Palavras não são fáceis.
Métricas, rimas, denominações
Precisam de muitas transformações.

Não é difícil organizar,
Não tanto quanto rimar.
Pode até se acostumar,
Mas quando sai da métrica
É difícil denominar.

Então você se estende,
Fica com medo de enrolar.
E quando assunto não mais há
Percebe que é hora de finalizar.

Solidão III

Maria Fulgência

E sempre se pode plantar,
O solo, seu passado e futuro.
É ótima companhia
E responde a cada pergunta sua.
Diga a ele semente,
Ele ecoa raiz.
Diga água,
Ele verde folha.
Diga paciência,
Ele flor e fruto.
Diga solidão,
Ele admira em silêncio,
O trabalho de nossas mãos.

Entrelinhas da vida

Lucinha Amaral

Não posso ser tua
Nem mesmo sei, se sou minha.
Talvez, uma breve passagem,
Talvez, somente um instante.

Não posso me entregar a você,
Se não pertenço a ninguém.
Passo os dias me procurando,
As noites me perdendo e me achando.

Sou um tempo breve neste final de dia,
Apenas um sopro em minha companhia.
Um raiar de sol nos dias de chuva,
Um brilho opaco nas noites escuras.

Sou incerteza a cada fração de tempo.
Um ser viajante sem parada exata,
A luz da incerteza num brilho que se apaga,
As entrelinhas da vida, num instante, mais nada.

Já dizia o poeta

Marilac Anselmo

E no início do caminho tinha uma pedra.
Tinha uma pedra concreta, incerta.
Um obstáculo, onde sentei...

E no meio do caminho tinha uma pedra.
Tinha uma pedra sólida, inóspita,
Não era ametista, logo lapidei.

E por todo o caminho tinha uma pedra.
Tinha uma pedra efêmera, uma quimera
A sacrificar o amor.

E durante o caminho tinha uma pedra.
Tinha uma pedra no destino,
Uma montanha erguida na dor.

E continuei o caminho que tinha uma pedra.
Tinha uma pedra rara, tão a sua cara!
Nem ouro, nem amado, nem diamante.

E parei no caminho que tinha uma pedra.
Tinha uma pedra amarga no calçado,
Um andar agonizante.

E no fim da pedra, tropecei no caminho.
Do caminho, a pedra retirei.
O caminho sem a pedra... reiniciei.

Intermitências

Martha Cimiterra

Entre tudo ou nada, ou quase nada, entrelinhas, entre linhas, entrelaços, entre laços... Braços entre abraços, abraços entrelaçados. Só os braços. Sem abraços... Entre tudo ou nada ou quase nada, vácuo... Vazio de uma alma peregrina como alma penada...

Vacuidade, idade... Entre tudo ou nada, ou quase nada, vão, espaço vão, espaço em vão, um vão na contramão. Contradição.

Tudo é ilusão, em vão... Entre tudo ou nada, ou quase nada, um pouco... Parco, esparso, espaço, bagaço, estilhaço... Um parco espaço de um esparso estilhaço. Resta o bagaço... Entre tudo ou nada, ou quase nada, restos... migalhas, detalhes, apêndices... como as vírgulas, trêmulas. Entre tudo ou nada, ou quase nada, as marcas do avesso, do inverso, do reverso, da medalha invertida, do reverso da medalha... Entre tudo ou nada, ou quase nada, o pó de que todos somos feitos.

Arriscar-se

Matheus Piva Ribeiro

A vida continua reticente,
Apesar da inconstância dos dias.
A vida é permanente,
Independente do sentir e dos poderias.

Desânimo e dor sentida,
Fagulhas daquele que vive sem cera.
Busca por algo novo e uma futura ida,
Profundamente convencido daquilo que será.

O brilho do que não se explica deve um dia chegar?
Para que a voz daquele que suplica
possa um Alguém um dia escutar.

Falatório de perdão,
Compromisso de um coração...
Que sonha com a era de infelicidades extintas...

Um

Moacir Angelino

        E lá nave vá
Vem com os meus, vai com os teus
        E com todos:
           Um.

Sem ensaios

Monica de Almeida

E foi se criando em mim um senso de urgência.
Como se um sinal de alerta apitasse em meu peito,
Sobre um fatídico golpe de pura incongruência.
Eu tinha tantos sonhos ainda não realizados,
Planos que nem mesmo havia traçado...
Quem diria? A minha plateia não era eterna!
Não tive tempo de lhes contar, antes que eu pudesse sequer me apresentar.
Um a um foi saindo do lugar pelas portas laterais
E o vazio das arquibancadas me atravessava como vários punhais.
Quando eu menos esperava tanto me foi tirado,
Sem forças me deitei sobre o chão, estatelado.
Do chão, as luzes sobre o palco me cegavam e até o ar parecia me abandonar.
Na plateia, muitos ainda torciam para o show continuar,
Ao lado de acentos vazios me acenavam a mostrar:
Força, ainda estamos aqui!
E os que foram, acredite, não queriam partir!
Ficaram muitos mais do que partiram,
Então por que ainda quero sucumbir?
Não há tempo a perder!
A plateia um dia há de findar.
De repente, sem perceber, já estou em pé a surpreender.
Num breve salto me levo a dançar...
Quem diria, ainda não havia percebido,
Como é belo o bambolear de um coração partido.

Haicais: turbilhões

Neusa Amaral

Nossos corpos em chamas,
Nossos desejos proclamam:
Sem amor, nada somos!

                                                Freneticamente,
                                                Na volúpia do querer,
                                                Desvendamos céus.

Vales, mares, montes...
Em busca de um beijo bálsamo,
Que ainda não veio.

Sem amor, nada somos!
Vistamo-nos de coragem!
Um beijo, afinal,

                                      Levar-nos-á, à êxtase.
                                      Fonte da paz que sonhamos!
                                      Vivemo-na agora!

Ilha de Guam

Pedro Gabriel Gusmão

Divago no vazio que me pertence,
Sem sombras, entre ventos,
Fortes ventos,
Fresca dor.

Persegue-me tal pressentimento,
Corta-me a angústia,
Deixa-me de lado.

Sopra o relento que acuso,
Corrói pela maresia
Minha alma de poeta.

Sequelas que guardam meu peito,
Sem sobrar vergonha.
Força ou medo,
Faz um frio,

Faz entre o Pacífico
Um grande terror,
Nas ondas que quebram.
Sou prisioneiro
Da ilha…

Boias-frias
Regiane Silva

Campo, cidade
Sem estudo, estudado.
Muitíssimo, pouco qualificado,
Bem, mal remunerado.
Sob o sol, em sala refrigerada,
Informal, carteira assinada.
Pendurado, empurrado,
Caminhão, transporte público lotado.
Pasta executiva, enxada,
Chapéu de palha, gravata.
Suor, perfume importado,
Mãos limpas, encardidas.
Colheita, planilhas,
Desrespeitado.
Trabalha dor,
Todos os dias,
Ida, vinda,
Come,
Marmita quente ou fria.

Sem graça
Remy Sales

Acabou-se o circo,
O riso morreu.
Fechou-se a plateia,
O palhaço entristeceu.
Acabou-se o riso,
O palhaço morreu.
Fechou-se o circo,
A plateia entristeceu.
O circo, o riso
Fechou-se, acabou-se...
A plateia, o palhaço
Entristeceu, morreu.

O que contém uma gota?
Renata Bicalho

Na escola me ensinaram que a água
Não tem cor,
Não tem cheiro ou sabor.

Mas quando o sol está no alto,
A piscina fica dourada.
Se enche de pontos,
Como pirlimpimpim de fada!

Quando chega o fim do dia
E o céu se tinge de rosa,
O lago fica doce
Como uma taça de mimosa.

Quando a onda se quebra na areia,
O nariz festeja o cheiro
De brisa distraída ou um beijo,
O que vier primeiro.

Mas nada disso é novidade.
Todo mundo sabe que a água
Faz essas traquinagens.

E nesse vazio de cor, gosto e sabor,
Uma gota de água
Enche o mundo espelhando
Luz, alegria e amor.

Silêncio

Rodrigo Loschi

Espaço velado,
Caminho entre mim
E o aquilo,
Calado.

No verbo jogado,
O simples de mim
Aos olhos de quem
Se atenta a ouvir.

E nesses momentos,
Meus olhos baixam,
Lacrimejam.
A língua lasciva
Procura algo em mim,
Que quero esconder.

Não preste atenção,
Naquilo que digo.
São apenas faces
Disformes e pálidas
Da cor que o silêncio.
Só ele e ninguém mais
Pode demonstrar.

Sonata do dia
Ronaldson (SE)

Linhas do varal,
Frêmito em agonia.
Lua e sol em pentagrama
(move o vento a sinfonia).

Desértica

Desenha-se deserto,
Linhas sem ser algum.
Sem alma,
Sem canto,
Sem-teto,
Ser nenhum.

Linhas do varal

Sem roupas
Só a brisa
afaga seus trilhos.

Olhar interno
Rosinha Lima

Estava sobrevoando meus pensamentos
E, sobre eles, observei minhas fragilidades.

Lugar que somente eu habito.
Lugar que somente eu conheço.
Lugar que me aperta o peito.

Resolvi me permitir entender.
Resolvi me deixar sentir,
Essa tristeza embaçada no meu ser.

Chorei, chorei, respirei.
Chorei, chorei, destravei,
Uma angústia presa na garganta,
Que machuca meu íntimo.

Esmoreci o corpo como mar calmo,
Cerrei os olhos, como se fechasse janelas.
Na escuridão de mim,
Os pensamentos dormiram.

Instalando-se um vazio oportuno
Para que eu ouça apenas o silêncio.

O silêncio do falar nada e saber tudo.
O paradoxo da comunicação interna.
O alívio viajando nas lágrimas.

Voltei ao lugar solitário,
Chorei, chorei e segui.

Caminho

Rosângela Maschio

Vivo o espaço,
As reticências.
Vivo a pausa entre os acordes
A mão constrita.
A respiração suspensa
Antes do grito.
O quase,
O nada que permeia a vida
E que não tem nome.
O espaço ínfimo e pálido,
Que permite o existir.
Esse existir
pontilhado e vívido,
Pulsante, sem fim nem começo.
Onde quero mergulhar
E existir também,
Essa parte minha
Que ainda não conheço.

Lunar

Rosangela Soares

Pela porta entreaberta,
o reflexo da lua.
E que lua no espaço sideral!
O pálido azul metalizado
e lá o olhar infinito da paz.
A brisa leve nos cabelos
e o toque amoroso da luz balsâmica.
O aroma da noite
com gotículas de orvalho
que refrescam o corpo,
acalmam a alma que descansa
na maciez alva da paz.
Na fortaleza dos braços,
aquecidos pela santidade,
olhar doce de amor e compreensão.
Vela e acalma
a inquietude
de ser eu.

Alinhando o desalinhado

Sande Maria Gurgel D'Ávila

Nas entrelinhas do destino,
Aportou um coração.
Batendo em desatino,
Transpassado de punção.

Ele é como um barquinho,
Sendo levado a navegar.
Não sabe direito o caminho
E tem medo de naufragar.

Tem mais incertezas que certezas,
Sobre o caminho traçado.
Leva na proa tristezas,
De um amor desperdiçado.

E quando o mar fica calmo,
O coração fica em sossego.
Fazendo transpor palmo a palmo,
A trilha de um novo aconchego.

É nova esperança que pulsa,
Acendendo um novo fogo.
É a tristeza que a alegria expulsa,
Colocando as emoções em jogo.

E nessa busca constante,
Entre amar e desamar.
Segue a vida num instante,
Para os seus desalinhos alinhar.

Escatologia do horror
Sub Versão

Por que o horror é a escolha predileta
Do maldito poeta que pedala de bicicleta?
Quem nunca esteve no final da festa
E o Sol nasceu de forma indigesta?

O sangue e a violência
Impregnam a existência
Do Homem na História.

Um problema surge e me detém,
Um verdadeiro pavor é viver com desdém.
O pavio do terror é a escatologia
Venenosa, penosa é a pena da prosa.

Um emblema da inegabilidade
Do valor da compreensão.
Até aonde vai a inevitabilidade
Do fim da criação?

Escatologia do HORROR
Sem igual sabor.
Nas entrelinhas do pavor,
Viver com amor sem rancor,
Nas entrelinhas do horror.
Escrever sobre amor sem rancor
Um desafio de valor

Poema-tecido

Tamires Romano

Deitada no chão da biblioteca,
O falatório não me atingia.
Em meio às linhas daqueles livros,
Uma leitora surgia.

Não demorou muito tempo,
Tomei gosto pela leitura.
Ao som das linhas riscadas em cadernos,
A escritora nascia.

Muitos anos mais tarde
Teceria histórias de outra maneira.
Com agulha, pano e tesoura,
Descobri-me bordadeira.

De todas as linhas que me compõem,
Matéria-prima vira inspiração.
Verso a arte que em mim transborda,
Colorir o mundo virou missão.

As linhas e entrelinhas da vida

Victor Rodrigues dos Santos Filho

Antes tudo era só escuridão.
De repente, abrem-se os olhos
Pulsa o coração.

Dentro de um pouco espaço de tempo,
Somos tenros em braços maternos.
Engatinhar, andar, decolar como vento.

De onde eu vim?
Para aonde vou?
O não e o sim!

De que é feita água?
A gente descobre a dor, a neve.
Dos sentimentos lágrimas, às vezes mágoas!

Por que meu irmão Botafogo?
E meu pai por que era América?
O que significa pátria nesse impávido Colosso?

E nesses passos de espaços infinitos,
Vejo-me tão limitado.
A morte diz ao meu corpo:
Um ser finito.

Sonho o que posso ser
Dentro desse limitar de poucas possibilidades.
Quero o que posso ter!

Perguntas variadas sobre a vida
As minhas verdades.
O que será depois dessa lida?

Pormenores

Zilca Coutinho

A Vida impalpável segue
E com ela, a busca inalcançável.

A inconsciência
Permeia os sentidos
E palavras são refúgios,
Nas curvas e obstáculos
Dos caminhos trilhados.

No início de mais um dia,
A esperança de novas alegrias.
O alvorecer de momentos
Nas entrelinhas do tempo
Ao futuro pertencerá.

Vaga memória
Do que deixou em espera.
Na busca de um sentido iminente
Ao ínfimo estado das pequenas coisas...

Mas nada importa aos pormenores frágeis
Da Vida perene.

Este livro foi composto por fonte
Fairfield LT Std 11,5/15,5pt, e papel Polén Bold 90 gr/m².